수달을 구해 주세요

 수달을 구해 주세요

펴낸날 2019년 1월 28일 1판 1쇄
2022년 9월 14일 1판 2쇄
펴낸이 강진균
편집·디자인 편집부
마케팅 변상섭
제작 강현배

펴낸곳 삼성당
주소 서울시 강남구 선릉로 747 삼성당빌딩 9층
대표 전화 (02)3443-2681 **팩스** (02)3443-2683
출판등록 1968년 10월 1일 제2-187호
ISBN 978-89-14-02004-8 (73810)

본 저작물은 저작권법에 따라 보호를 받는 책이므로 무단 전재와 무단 복제를 금합니다.
※ 파본은 바꾸어 드립니다.

차례

수달 이야기
수달을 구해 주세요 … 6

연어 이야기
연어가 돌아왔다 … 38

동물병원 원장님께서
정성스레 수달을 치료해 주셨어요.
"곧 괜찮아질 겁니다.
하지만 상처가 아물 때까지는 누군가
돌봐 주어야 할 것 같습니다."

수달 이야기
수달을 구해 주세요

글 이경 · 그림 배성연

아빠한테 새로운 취미가 생겼어요.
그것은 바로 낚시였습니다.
화창한 일요일,
아빠가 낚시하러 가자고 했어요.
처음 가는 낚시여서 몹시 들떠있었지요.
강가에 자리를 잡고 이리저리 돌아다니고 있던 나에게
아빠는 조용히 해야 물고기가 잡힌다고 하면서
한쪽 눈을 찡긋하셨어요.

어? 낚싯대가 움직인다.
아빠는 살짝 흔들리는 낚싯대를 힘껏 들어 올렸어요.
마침내 물고기를 낚았어요!

낚-았-다!

와!

"낚았다!"
아빠는 소리를 지르며 기뻐하셨어요.
나는 낚싯대에 매달린 물고기가 신기하여
한참을 쳐다보았어요.
큰 물고기가 이리저리 움직였어요.

그리고 오랫동안 물고기가 잡히지 않아
강가 주변을 둘러보기로 했지요.
'어? 저게 뭐지?'
강가 근처에 엎드려있는 동물이 보였어요.
조심히 다가가 보니 책에서 봤던 수달이었어요.
그런데 수달의 등에 피가 나고 상처가 있었어요.
"가엾어라. 내가 구해 줄게."

수달
족제비과이며 천연기념물 330호입니다. 몸길이 63~75㎝, 몸무게 5.8~10㎏ 정도이며, 물을 좋아하여 주로 물가에 집을 짓고 서식합니다.

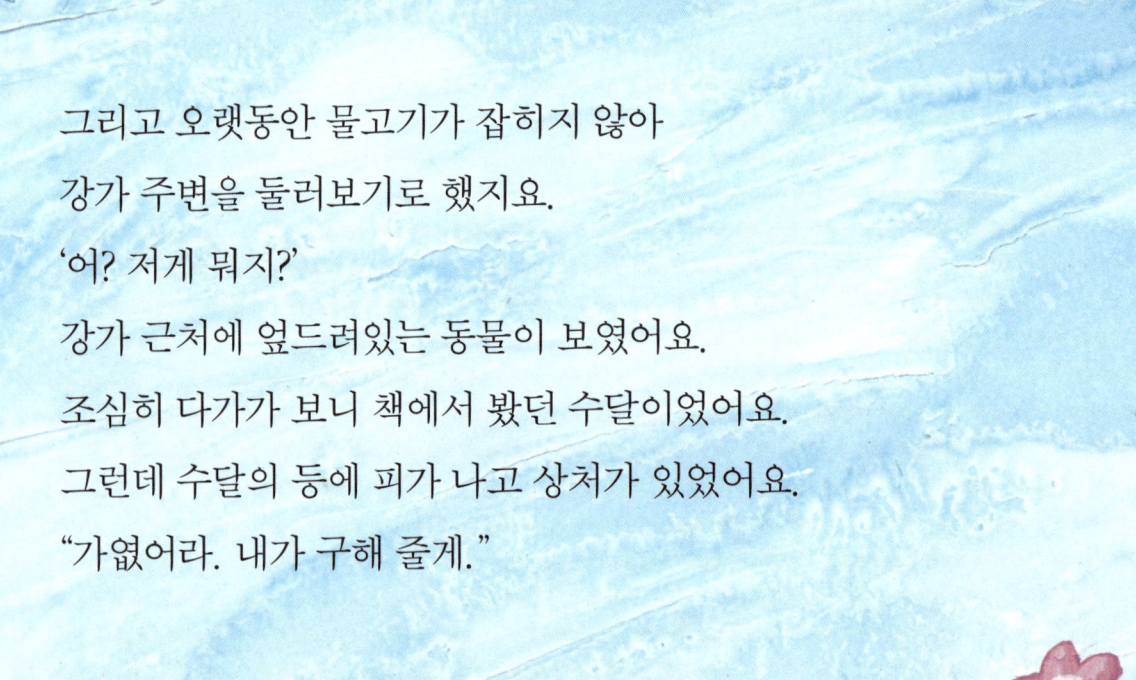

나는 아빠한테 도움을 구했어요.
아빠는 수달의 상처 부위를 보시더니
"수달이 많이 다쳤구나.
 어서 병원에 데려가 봐야겠다."
하시곤 서둘러 짐을 챙겼어요.
수달은 매우 아픈지 괴로워하는 표정이었어요.

긴 몸과 짧은 다리를 가진 수달은, 육지에서 빠르게 이동할 뿐만 아니라, 발에도 물갈퀴가 있어 헤엄도 잘 칩니다.

수달은 야행성으로 낮에는 나무뿌리 밑이나 땅에 구멍을 파고 쉬다가 밤에 먹이 활동을 합니다.

동물병원 원장님께서
정성스레 수달을 치료해 주셨어요.
"곧 괜찮아질 겁니다.
하지만 상처가 아물 때까지는 누군가
돌봐 주어야 할 것 같습니다."
아빠는 고민했어요.
"집에서 수달을 잘 키울 수 있을까?"
나는 수달을 키울 수 있다는 생각에
"네, 제가 잘 돌볼게요.
다 나을 때까지 집에서 키워요."
하고 아빠를 설득했습니다.

집에 온 수달은 귀여운 강아지처럼 애교가 많았어요.
엄마와도 금세 친해져 머리를 비벼 대며 재롱을 떨었어요.
나는 학교가 끝나면 수달이 잘 있는지 궁금하여
곧장 집으로 왔습니다.
현관에 들어서자마자 수달이 달려와 반겨주었어요.
수달이 나를 알아보는 것 같아 신기했어요.

수달은 야생동물이지만 강아지처럼 영리하며 호기심이 많아 장난꾸러기입니다. 온순하여 사람을 잘 따릅니다.

우리 가족은 수달을 정성껏 보살폈어요.
아빠는 낚시터에서 수달이 좋아하는
물고기를 많이 잡아 오셨어요.
배가 고팠는지 수달은 눈 깜짝할 사이에 먹어 치웠어요.

수달의 먹이로는 주로 메기, 미꾸라지, 개구리, 게 등 이며
하루 700~1,500g의 먹이를 먹어요.

얼마 후, 수달은 물에 들어가도 될 만큼
상처가 아물어갔어요.
아빠는 튜브로 된 작은 수영장을 만들어 줬어요.
물을 본 수달은 물속에서 신나게 놀았어요.

헤엄치는 수달

하지만, 수달이 항상 귀여운 것만은 아니었어요.
"수달아, 이렇게 말썽부리면 안 돼!"
수달이 내 교과서를 찢어 놓았어요.

"아니. 이게 누구 짓이지?"
회사에서 돌아온 아빠가 소리쳤어요.
수달이 아빠의 가방을 물어뜯어 놓았거든요.
여기저기에 말썽을 부려 놓는 바람에
우리 식구들은 여간 힘든 게 아니었거든요.

아빠는 수달을 야단쳤어요.
하지만 수달은 아빠를 물끄러미 쳐다보다가
귀엽게 몸을 흔들며 아빠에게 안겼어요.
아빠는 수달의 등을 쓰다듬어 주며
수달을 집으로 돌려보내야겠다고 말했어요.

"너를 보내야 할 때가 되었구나.
네 가족이 그리워서 그런 거지?"
왠지 섭섭한 마음이 들었어요.
하지만 물에서 사는 수달이
사람들과 같이 집에서 계속 산다면
행복하지는 않을 거라고 생각했어요.

우리 가족은 처음 발견했던
강가로 수달을 데리고 갔어요.
아빠가 수달을 놓아주자,
수달은 얼른 물로 뛰어들었어요.
물속에서 신나게 헤엄을 치고 있는
수달은 건강하고 행복해 보였어요.
이제 수달과 이별을 해야 할 때가 온 것 같아요.

우리 가족이 집으로 가기 위해
발걸음을 옮길 때,
수달은 물속에서 헤엄치다 말고
뛰어와 나에게 안기였어요.
수달도 헤어지기 싫었나 봐요.

"수달이 우리와 같이 살고 싶은가 봐요. 다시 데려갈까요?"
아빠도 수달을 키우고 싶지만,
강가에서 가족들과 사는 게 더 행복할 것 같다고 하셨어요.

"엄마, 수달이 다시
가족을 찾을 수 있을까요?"
"그럼, 아마도 이 강가 주변
어딘가에 살고 있을 거야."
"수달이 어서 가족을 찾았으면 좋겠어요."

우리 가족은 아쉬운 마음으로
수달에게 또다시 인사를 건넸어요.
"수달아, 이번엔 진짜 안녕이다. 잘 가."
수달을 보내고 돌아오는 길에 마음속 꿈이 하나 생겼어요.
이다음에 커서 동물들을 치료해 주는
멋진 수의사가 되는 것이었어요.

궁금해 궁금해...

수달은 어떤 동물인가요?

수달은 족제비과에 속하는 동물입니다. 생김새는 족제비와 비슷하지만, 훨씬 크고 물에서 생활할 수 있도록 날렵합니다. 머리와 코는 둥그스름하며, 눈은 작고, 귀는 주름에 덮여 털 속에 묻혀 있습니다. 네 다리는 짧고 발가락마다 발톱이 있으며 물갈퀴가 있어 헤엄을 잘 칩니다. 온몸에는 짧고 굵은 털이 빽빽하게 나 있고 색깔은 짙은 갈색이며 윤기가 흐릅니다. 수달은 물가에 집을 짓고 살며 물고기를 잡아먹습니다. 몸의 길이는 63~75cm이고 꼬리는 41~55cm, 몸무게는 5.8~10kg입니다.

수달은 어디서 살아요?

과거에는 냇가와 강이 있는 곳에서 쉽게 볼 수 있었다고 합니다. 그러나 지금은 낙동강 하류 지역, 지리산과 오대산 부근의 냇가에 살고 있다는 조사 보고가 있었습니다. 수달이 우리 주변에서 사라진 이유는 수달이 좋아하는 깨끗한 냇물이 많이 사라져 버렸기 때문입니다.

수달은 어떻게 살아요?

수달은 강이나 냇가 가까이에 있는 바위틈에 보금자리를 만들어 삽니다. 감각기관이 발달하여 밤이나 낮에도 잘 보며, 특히 아주 작은 소리도 잘 듣습니다. 또 냄새를 맡는 능력이 뛰어나 물고기들이 있는 곳과 습격해 오는 적을 미리 알아차립니다. 먹이는 거의 물고기인데 비늘이 없거나 작은 물고기를 좋아합니다. 특히 메기, 가물치, 미꾸라지 같은 물고기를 좋아하지만 개구리, 게도 잘 먹습니다. 새끼는 한 번에 2~4마리를 낳는데, 새끼수달은 6개월 정도 어미 수달과 함께 지내며 먹이 잡는 법, 집 짓는 법, 적의 침입을 알아내고 막는 법에 대해 배운 뒤 어미 수달과 작별하여 독립된 생활을 하게 됩니다. 수달은 밤에 활동을 많이 하는 습성을 가지고 있으며 낮에는 보금자리에서 쉬는 때가 많습니다. 그러다 위험이 닥치면 재빨리 물속으로 뛰어듭니다.

가물치란? 민물고기로 배 쪽은 밝은 회색이며, 옆에는 짙은 갈색의 얼룩무늬가 있어요.

또 다시 봄이 찾아왔고
강에는 이들이 낳은
새끼연어들이 하나 둘
깨어나기 시작했어요.

연어 이야기
연어가 돌아왔다

글 김문기 · 그림 김경수

강 상류의 물속은 아주 맑았어요.
수많은 작은 알들이 동동 떠다니고 있었고,
그중 알에서 나온 새끼연어들은
이제 막 눈을 뜨고 있어요.
"여기가 어딜까?"
새끼연어는 신기한 듯 여기저기 둘러보았어요.

새끼연어
연어는 강에서 태어나요.

그때 뒤에서 누군가 말했어요.
"안녕! 만나서 반가워.
"얘들아, 반가워."
주변을 살펴보니 알에서 깨어나는
새끼연어들이 점점 많아졌어요.

"안녕! 반가워"

민물에서 태어난 연어는 10~15cm까지 그곳에서 자라며, 놀라운 후각으로 그곳의 냄새를 기억하게 됩니다.

가재가 나타났다

모두 조심해!

가재
맑은 물에서 사는 가재는 새우와 게 중간의 모습이에요. 우리나라에 서식하는 가재는 6cm 정도의 크기며, 낮에는 돌 밑에 숨어 지내고, 밤이면 나와 새우, 올챙이 등 작은 물고기를 잡아먹어요.

"내 배 밑에 주머니가 있어!"
"응, 그건 영양 주머니야. 여기 가득 차 있는 양분을 먹으면 돼."
새끼연어들은 양분을 먹으며 강물 속을 구경 다녔습니다.
어느덧 양분을 다 먹은 새끼연어들은
하루살이의 유충이나 번데기를 먹으며 양분을 저장했습니다.

양분을 먹고 자란 새끼연어들은
이제 멀리 여행을 떠날 시간이 왔어요.
차가운 물을 좋아하는 연어들은
강물의 흐름을 타고 넓은 곳을 향하여
출발하였습니다.

강을 따라 내려갈수록 수많은
새끼연어들이 모여들었어요.
"넌 누구야? 너도 연어니?"
"응, 나는 은빛 연어야."
주위를 살펴보니 은빛 연어가 아주 많았어요.
그리고 붉은 색깔 연어와 등이 굽은 연어도 보였어요.

새끼연어들은 물 흐름을 따라 계속
강 아래쪽으로 내려갔어요.
태어난 곳을 떠난다는 게 너무 아쉬웠어요.
"우리는 어디로 가는 거야?"
"아주 넓은 바다로 가서 살 거야.
하지만 우리가 어른이 되면 다시 강으로 돌아올 거야."
새끼연어들은 태어난 곳의 물 냄새를 기억해 두었어요.

연어의 풀리지 않은 수수께끼 1

연어는 알에서부터 자기가 태어난 곳을 기억한다고 해요. 알을 다른 지역으로 옮겨 부화해도 다 자란 연어는 수 천km를 이동해 본래 알이 태어난 강으로 돌아갑니다. 연어의 어떤 능력이 정확하게 자기가 태어난 강으로 이끌어 주는지는 아직도 풀리지 않은 수수께끼입니다.

새끼연어들은 넓은 바다와 만나는
강 하구에 이르렀습니다.
"넓은 곳으로 내려오니까 먹이가 많아!"
새끼연어들은 물풀 사이를 다니며
바다로 가기 위해 먹이를 마음껏 먹고,
가끔 물 밖으로 뛰어올라 신기한
바깥세상도 구경했어요.

바다로 가던 중에 새끼연어가 그물에 걸렸어요.
빨간 모자를 쓴 연구원 아저씨가 연어를 살펴보았어요.
"길이가 7cm, 몸무게가 3g."
아저씨는 새끼연어의 지느러미에 표시를 붙이고는
"나는 너희를 관찰하는 학자란다.
부디 바다 여행을 잘하고 다시 돌아오너라."
말하고 강물에 놓아주었어요.

얼마 후 새끼연어들은
처음으로 넓고 푸른 바다의 냄새를 맡았습니다.
"바다는 참으로 넓고 시원하구나!"

연어의 풀리지 않은 수수께끼 2
민물고기는 바다에서 살 수 없고 바닷물고기도 민물에서 살지 못해요. 하지만 민물과 바닷물을 오가며 살 수 있는 연어의 신비는 아직도 풀리지 않는 수수께끼입니다.

하지만 아직 여행이 더 남아있습니다.
연어들은 바다의 흐름을 따라 북태평양으로 향했어요.
긴 여행이라 힘들지만, 마음은 즐거웠어요.

북태평양에 도착하니 다른 곳에서 온 연어들도 있었어요.
곳곳에서 모인 연어들은 반갑게 인사를 나누었어요.
먹이가 풍부한 이곳에서 연어들은
갑각류나 작은 물고기를 먹으며 살았습니다.
3년 동안 바다에서 지낸 연어들은 이제 새끼를 낳기 위해
다시 강으로 돌아가는 여행을 준비합니다.

"안녕! 우리는 태어난 강으로 돌아갈 거야."
"우리는 맑은 강물로 갈 거야."
연어들은 어릴 때 기억해 둔 물 냄새를 떠올리며
설레는 마음으로 고향을 찾아 떠났어요.

연어의 풀리지 않은 수수께끼 3
성체가 된 연어는 산란하기 위해 자기가 태어난 곳으로 이동하는데, 이동 과정에서 수없이 다치고, 반 정도는 죽고 맙니다. 그러함에도 회귀하는 연어의 본성은 아직도 풀리지 않는 수수께끼입니다.

강으로 돌아가는 여행은 매우 힘이 들었어요.
흐르는 강물을 거슬러 오르며,
거센 물살이 나오면 뛰어올라 넘어야 했고,
배고픈 곰에게 잡혀서 먹히거나,
지쳐 쓰러지기도 했습니다.
그래도 연어는 쉬지 않고 여행을 계속했어요.

이렇게 며칠이 지났을 때 누군가 소리쳤어요.
"애들아, 우리가 태어난 강이야!"
바다에서 강으로 올라온 연어들은 너무 기뻤어요.
연어들은 서둘러 짝을 찾아 알 낳을 준비를 했어요.
"우리는 여기가 좋을 것 같아."
연어들은 자갈 위를 헤엄치면서 물의 흐름을 살폈어요.
모래와 자갈을 다듬어 알 낳을 보금자리도 만들었어요.

얼마 후, 암컷 연어가 보금자리에 알을 낳았어요.
그러자 수컷 연어는 알들을 모래와 자갈로 덮었어요.
"아기들아! 건강하게 자라거라."
강을 거슬러 올라와 몸이 약해진 연어들은
알을 낳고 숨을 거두었어요.
그리고 또다시 봄이 찾아왔고
강에는 연어들이 낳은 새끼연어들이 하나둘
깨어나기 시작했어요.

궁금해 궁금해...

연어는 어떻게 생겼나요?

몸 모양은 가늘고 바다에서는 등면은 암청색, 옆은 은백색, 그리고 몸과 지느러미에 검은 반점이 없습니다. 산란기에 하천으로 거슬러 올라오면 은백색은 없어지고 몸 전체가 거무스름해지며, 검정·노랑·분홍·보라색이 섞인 불규칙한 줄무늬가 몸 옆에 나타납니다. 성숙함에 따라서 머리가 길어지고 특히 수컷의 주둥이 끝은 아래쪽으로, 아래턱은 굽으면서 이가 단단해집니다.

연어는 어떤 종류가 있나요?

연어는 대서양 연어라 부르는 애틀란틱새먼과 태평양 연어인 곱사연어·홍연어·시마연어·은연어·왕연어 등이 있습니다. 이 중 가장 큰 종류가 왕연어로 보통 몸길이가 약 90cm, 무게는 10kg까지 자랍니다.

연어의 일생이 궁금해요.

연어는 하천에서 태어나 바다로 가서 3~4년이 지나면 짝짓기와 알을 낳기 위해 고향으로 돌아옵니다. 연어는 여름이나 가을에 산란하는데, 산란지인 강 상류에 도착하면 암컷은 알을 낳기에 적합한 장소를 찾아다닙니다. 물이 맑고, 물살이 급하지도 느리지도 않으며 밑바닥에 조약돌과 모래가 깔린 좋은 장소입니다. 그런 곳을 찾으면 암컷은 꼬리를 흔들어 20~30cm 안팎의 산란터를 여러 개 만듭니다. 수컷은 그동안 주변을 돌며 암컷을 보호합니다. 이틀에 걸쳐 만든 산란터에서 암컷 연어가 대략 2,000~3,000개가량의 알을 낳으면, 그 위로 수컷 연어가 우윳빛의 하얀 액체를 내보내 새 생명을 만들게 됩니다. 온몸의 힘을 모두 쏟아내어 지친 암수 연어는 상처투성이가 된 채 최후를 맞이합니다. 태평양 연어는 일생에 한 번 산란하고 죽지만, 대서양 연어는 산란한 뒤 다시 바다로 돌아가며 3번 이상 민물로 회유하며 산란합니다. 알은 3~4개월 만에 부화하는데 어린 연어는 난황낭(영양분을 담고 있는 주머니)에서 양분을 섭취하면서 몇 주 동안 자갈 사이에 숨어 지내며 바다로 나갈 준비를 합니다.

회유란? 물고기가 알을 낳거나 먹이를 찾기 위해 또는 계절에 따라 헤엄쳐 다니는 일.

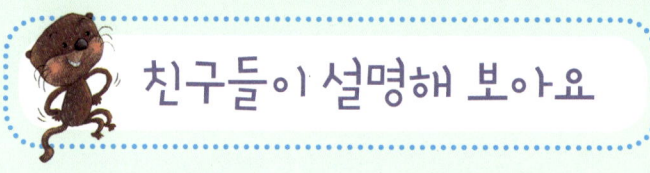

 귀여운 수달이 좋아하는 먹이는 무엇일까요?

곰인형　　　　물고기　　　　　게　　　　　　빵　　　　　　가재

 연어의 여행 과정을 말해보아요.

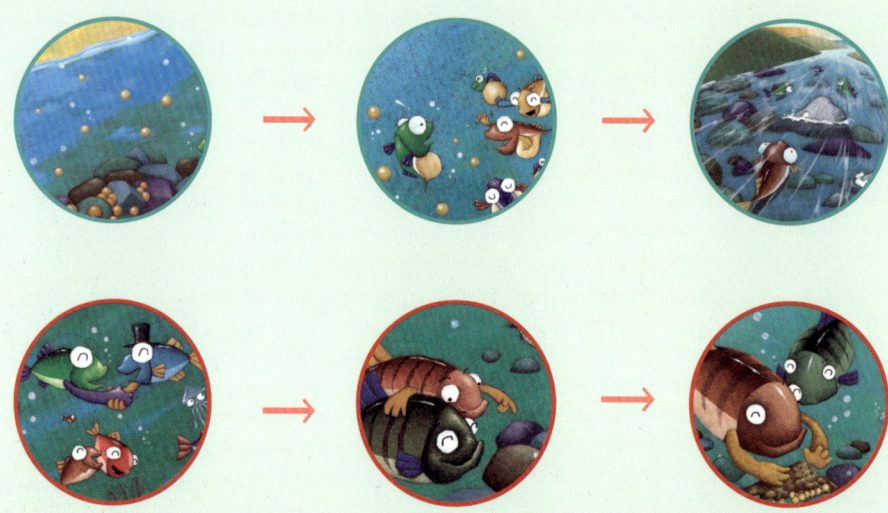